À Vanessa, Camille, Alice et Jules

Ces enfants que nous aimons tant

Photographies Pasquale Charland

Hommage à la famille

Album photos de personnalités québécoises

Au profit de l'œuvre du Dr Julien

fondation

pour la promotion de la pédiatrie sociale

TABLE
des matières

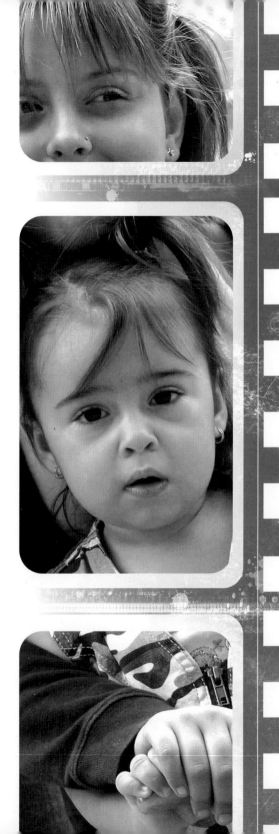

Préface

Dr Gilles Julien

Ces enfants que nous aimons tant

est un beau livre de photos d'enfants et de parents que nous offrons au monde pour célébrer toute la beauté de la famille et surtout pour souligner le bonheur d'être avec nos enfants!

En l'occurrence, ce sont des familles de gens connus et appréciés de tous. Ce sont des artistes et des personnages qui ont spontanément accepté de se montrer en interaction avec leurs enfants ou leurs petits-enfants pour bien faire et pour une cause juste. Ils le font par amour et par souci d'équité, parce que nous sommes égaux comme familles dans notre société et comme personnes face aux enfants du monde. Ils le font avec pudeur et discrétion, car nos enfants sont fragiles et méritent une forme de retenue et d'humilité de notre part. Ils le font enfin avec humilité et compassion parce que les enfants du monde appartiennent aussi au monde qui en a la responsabilité partagée.

Ce grand livre est né du plus grand hasard (qui n'en est peut-être pas un finalement). Il y a au début la rencontre d'une photographe, Pasquale Charland, qui rêvait d'un grand projet, et de son conjoint Guy Doucet, jeune homme d'affaires et d'action, qui souhaitait l'aider à le réaliser.

Il y eut aussi la collaboration enthousiaste de personnages et d'amis tels Christian Bégin, André Melançon, André Chagnon et plusieurs autres. Des familles de notre communauté se sont aussi montrées intéressées à nous présenter leur belle famille et à participer au projet, ce qui nous confirmait, entre autres, la valeur universelle de la famille quels que soient les statuts et les valeurs.

Ce fut ensuite un match parfait avec le rêve que nous avions de présenter la beauté des enfants à un vaste auditoire pour assurer qu'ils aient la première place dans la société et pour souligner leur grande valeur dans l'Humanité.

Nous le faisons parce qu'il y a actuellement partout dans le monde un trop grand nombre d'enfants isolés, délaissés, traumatisés qui vivent des souffrances et des exclusions inacceptables et qui ne trouvent plus d'adultes preneurs pour s'en occuper, pour les protéger et pour les aimer. Ils sont beaux, ils ont le potentiel et ils pourraient changer notre monde mais on ne les voit pas, on ne veut pas les voir et ils nous filent entre les doigts.

Quoi de mieux alors que d'afficher des moments de vie familiale et des parcelles d'intimité parent-enfant pour toucher les émotions, pour éveiller la compassion et pour susciter l'engagement auprès des enfants. Ensemble, avec la famille, nous pouvons composer avec tous les besoins des enfants, qu'ils soient physiques, culturels ou émotionnels. Nous avons le pouvoir de leur créer des environnements supportants. Nous pouvons tisser leur identité et leur motivation. Nous pouvons surtout nous assurer tous ensemble que leurs Droits soient intégralement respectés.

Regardons bien leurs yeux et leurs sourires, observons les signes et les attitudes de leur bonheur, remarquons les liens d'attachement sécuritaire qui caractérisent les images et nous aurons ce qu'il faut pour passer à l'action.

Le cœur des petits enfants est un organe très sensible. S'il connaît un début difficile, il peut se déformer et prendre de curieuses allures. « Le cœur d'un enfant blessé peut se traumatiser et gonfler jusqu'à devenir d'un poids considérable, vulnérable au point de se faire écorcher et blesser par les choses les plus ordinaires » (C. McCULLERS).

Nous nous exposons surtout pour célébrer la vie, celle que l'on donne comme celle que l'on reçoit, celle que l'on crée et qu'on transmet pour la suite du monde. Ce que nous cherchons, bien sûr, c'est de vous toucher et de vous surprendre. Notre grand souhait est de vous faire voir des pages d'attachement et des suites de liens d'identité, ces deux grands phénomènes qui soutiennent le développement des enfants.

Notre rêve, c'est de vous retrouver avec nous un jour dans le grand volume des familles de notre monde.

Quelques mots sur l'aventure

Pasquale Charland

© Jacques Bourdages

Je caressais depuis plusieurs années la réalisation d'un tel rêve : réunir ma passion pour les gens et la photo dans un projet ayant comme objectif d'aider une cause sociale en lien direct avec les enfants, ici au Québec. Je me suis intéressée à l'œuvre du Dr Gilles Julien, il y a de cela environ huit ans. Il en était à ses débuts dans le quartier Hochelaga-Maisonneuve. Dès lors, je suis tombée sous le charme de l'homme avec un si grand cœur et de son œuvre auprès des enfants du quartier.

Voyant tout ce qu'il faisait pour ces enfants démunis, avec si peu de moyens, comment il les aidait, comment il les aimait, sans jamais juger, avec pour seul objectif de leur donner confiance en un monde meilleur… j'ai été bouleversée.

Je me considère chanceuse dans la vie, privilégiée même. J'ai connu l'amour, j'ai une belle famille, des enfants beaux comme tout, en santé, qui s'épanouissent bien. Dans mon entourage, les seules limites sont celles qu'on se fixe nous-mêmes. Malheureusement, ce n'est pas le cas pour un grand nombre d'enfants. Je ne voulais pas faire partie de ceux qui regardent et qui ne font rien. Le déclic s'est finalement fait les deux pieds dans le sable, au soleil à 34 °C, une journée de janvier 2006 : un livre de photographies intégrant l'œuvre du Dr Julien, ses héros comme il les appelle, et des personnalités connues et appréciées de tous qui véhiculent des valeurs compatibles avec les nôtres.

Mon idée bien arrêtée et sans trop savoir toute l'énergie que ça demanderait, je me suis lancée! Depuis plus de 15 mois que j'y travaille presque à temps plein! J'y ai mis tout mon cœur, tout ce que je pouvais, en ne négligeant pas pour autant ma petite famille qui a, elle aussi, embarqué dans le projet. J'ai vécu des moments inoubliables. La fête LES P'TITS BONHEURS en mai, événement que la Fondation pour la promotion de la pédiatrie sociale organise tous les printemps, pour ouvrir sa cour extérieure aux familles du quartier. J'ai participé en décembre à la Guignolée du Dr Julien où plusieurs bénévoles du quartier, des enfants, des aînés, ont bravé le froid pour contribuer à amasser plus de 325 000 $. Ils étaient comédiens ou personnalités, grands-parents ou enfants du quartier, tous réunis pour un seul et unique objectif : AIDER!

Le livre a pour but de rejoindre le plus de gens possible. De faire connaître la cause au grand public, de faire reconnaître surtout l'apport important pour une société comme la nôtre, le travail acharné et sans relâche du Dr Julien. Des succès impressionnants obtenus depuis plusieurs années auprès de centaines d'enfants et familles.

Je me souviendrai toujours du 7 février 2007 où nous avons rencontré, mon mari et moi, le Dr Julien pour lui présenter mon idée, ce projet de livre de photos de familles. J'étais tellement excitée à l'idée de le voir en vrai! J'avais des papillons partout dans le ventre, une vraie petite fille.

Dans la maison d'Assistance d'enfants en difficulté de la rue Aylwin, c'est la simplicité, l'amour qui transcende. Un réel bien-être. Gilles est d'une telle simplicité et son amour pour les enfants est sans bornes. Humble et sensible, il a été touché par mes photos et a pu voir dans le projet quelque chose de grand comme il peut le voir dans chaque enfant qui le visite.

Durant cette dernière année, j'ai eu le grand bonheur et le privilège ultime de côtoyer le Dr Julien et son équipe, de le voir œuvrer auprès de ces enfants et de leurs familles. Il faut le voir pour le croire! De toute ma vie, il ne m'avait jamais été donné de voir un être avec autant de magnétisme auprès des enfants… le Père Noël peut aller se rhabiller!

Je vous offre donc, avec simplicité, beaucoup de moments heureux fixés sur papier lors de mes différentes séances photo. Elles ont été à chaque fois pour moi une révélation et un pur bonheur. Vous retrouverez donc, dans cet album photos, des familles de personnalités québécoises que vous aimez, qui ont accepté avec une immense gentillesse de me laisser les prendre en photo dans leur intimité, le plus naturellement du monde, sans préparation ni artifice.

Il y a également quatre familles extraordinaires du quartier Hochelaga, ciblées par le Dr Julien, comme étant ses héros à lui parce qu'ils représentent une belle réussite familiale. Vous y découvrirez des gens simples et tellement attachants. Céline, Guy, leurs cinq enfants… Sophie et ses cinq enfants, Nathalie, Éric avec leurs trois charmantes petites filles et enfin Caroline avec ses deux filles… quels beaux souvenirs… quels grands moments de joie…

JE NE VERRAI PLUS JAMAIS CES GENS-LÀ DE LA MÊME MANIÈRE ET VOUS NON PLUS JE L'ESPÈRE!

Nos
familles

Paul Ahmarani

« Tant qu'on ne peut pas vraiment s'imaginer à la place d'un interlocuteur, on ne peut totalement le comprendre; la famille a pris son sens réel, complet, que lorsque je suis devenu père. Ce n'est qu'à ce moment que j'ai compris sa force, son importance et à quel point on n'y échappe pas : elle fait partie de nous bien plus qu'on ne le croit... ou qu'on voudrait le croire. C'est le terreau qui nous a fait croître et nos fruits portent son essence. »

Paul et ses jumelles,
Adèle et Béatrice

Denys
Arcand

Denise
Robert

« Un jour après une très longue et difficile journée de tournage, je suis rentrée à la maison si épuisée que je me suis assise dans un fauteuil. Dans le silence, les larmes se sont mises à couler sur mes joues. Soudainement, une petite voix me dit dans la noirceur de la pièce « Maman, mais tu pleures? ». Je ne pouvais rien lui cacher, même si elle n'avait que quatre ans. Puis elle me dit « Est-ce que c'est parce que tu ne trouves pas la lune? ». Je lui ai répondu « Oui ». Elle me prit par la main et m'emmena voir par une fenêtre cette belle lune qui illuminait la nuit.

Je n'aurais jamais pensé que les plus beaux moments de ma vie me seraient apportés par ce petit bout de chou, rempli de poésie et de beauté. C'est elle qui m'apporte la sagesse et je souhaite de toujours savoir utiliser cette belle lumière qu'elle me donne pour éclairer son chemin. »

Ming Xia, Denys et Denise

Ces enfants que nous aimons tant

Ces enfants que nous aimons tant

Emmanuel Auger

« Depuis le début des temps, l'être humain a toujours voulu instinctivement percer le secret de l'ultime Bonheur!

Pour ma part, la clef ultime du Vrai Bonheur se trouve dans le pouvoir d'être témoin du plus grand accomplissement qui soit donné de vivre à l'Homme... soit celui de voir grandir nos enfants! »

Emmanuel et Daphnée

Ces enfants que nous aimons tant

Christian Bégin

« Comment parler de la famille? Y'a tellement de « sortes » de familles... Celle où on naît, où on grandit, celle qu'on se fait, celle qu'on s'invente, celle qu'on a rêvé, celle qui se défait, celle qu'on déteste, celle qu'on nous impose, celle qu'on se choisit, celle qui se trompe, celle qui reste à faire, celle qui se tisse, celle qui meurt et qu'on pleure, celle qui se recompose, celle des autres et celle que j'ai, différente de celle que j'avais imaginée et si merveilleuse pourtant, si mouvante, émouvante et jamais, jamais finie... Elle grandit, morceaux par ti-boutte, plus riche de ceux et celles qui s'y ajoutent. Soudain mystérieuse. Une cellule vivante, qui se divise des fois pour mieux grandir, pour devenir à la fois plus complexe et plus englobante, accueillante, ouverte... terriblement surprenante!

La famille n'est pas et ne peut pas être un lieu fermé aux contours précis et bien circonscrits... La famille est un lieu changeant, imprécis, désordonné des fois, chaotique même souvent, dans lequel chacun s'invente, se dessine, se trouve et apprend à aimer...

à s'aimer... dans la joie comme dans les larmes.

On la quitte pour sans cesse y revenir. Source de nos premières joies et de nos premières souffrances. On la renie ou on la bénit, on l'aime ou l'exècre, on s'y love ou on la fuit... peu importe! C'est la terre de nos racines...

Ma famille, toutes mes familles, d'hier et d'aujourd'hui, c'est moi dans mon rapport au monde...

Ma famille, toutes mes familles, c'est moi, vivant...

Vivant avec les autres...

Et ce sont ces autres qui, au centre de cette famille, de sang ou de cœur, appellent au plus vivant de moi... »

Christian et Théophile

Ces enfants que nous aimons tant

Geneviève
Bilodeau

LA FAMILLE

« Ma famille c'est un port
où je peux jeter l'ancre et
me reposer la tête
en attendant de me relancer à la quête
d'un sens à c'vie-là,
à tous ses bonheurs
autant qu'à ses souffrances

quand ça tourne et que j'ai le vertige,
que le plancher bouge sous mes pieds
c'est pas long que j'me dirige
chez papa ou maman pour un bon souper

Ma famille c'est un corps
un peu extraterrestre à plusieurs bras
et plusieurs têtes
(tordu oui! mais muni d'une flexible arête)
qui danse et qui tombe
se relève et retombe
et malgré ses défaillances

quand ça tourne et que j'ai le vertige,
que le plancher bouge sous mes pieds
c'est pas long que j'me dirige
chez papa ou maman pour un bon souper

Toi tu es arrivé alors que je n'étais encore
qu'une enfant

te voilà déjà à l'âge où moi j'ai annoncé
à ma mère qu'elle serait grand-maman
alors j'espère que j'ai fait tout ce qu'il fallait
pour que les jours de tourments
tu puisses sentir tes racines solides
et te dire à ton tour en bravant le vent :

Ma famille c'est un port...

parfaite, tempête, prophète, poète
pirouette, trompette, fête, arête

bien sûr la famille c'est aussi
le nid de malentendus

on me voyait médecin mais moi j'ai pris
le train vers des contrées inconnues
et toi qui me fais vivre
les mêmes tourments que moi à mes parents

**Ils veulent mon bien
et moi je veux le leur
mais on prend pas
le même chemin** »

Gabriel et Geneviève

André
Chagnon

« À l'origine et au centre de tout mariage doit se trouver l'amour. Le mariage est fondé sur l'amour. Le couple est un homme et une femme amoureux.

Notre couple a choisi l'aventure du partage, de la solidarité, du don de soi et de la confiance. Nous avons choisi des valeurs qui font grandir la vie afin que nos enfants à leur tour fassent des choix dans le même sens.

La famille est le merveilleux triangle naturel de l'homme, de la femme et des enfants. La famille est la première institution et le premier milieu de vie. C'est une unité de vie relationnelle entre homme et femme, parents et enfants, frères et sœurs, et la famille élargie.

La responsabilité parentale est le plus beau et le plus difficile métier du monde. Nous avons tenté de répondre au besoin de tous sans rien négliger en donnant une part de soi au travail et encore le meilleur à la vie familiale. »

Notre mariage est un grand succès :

58 ans de mariage, 5 enfants, 15 petits-enfants, 2 arrière-petits-enfants... et ce n'est pas terminé!

Les petits-enfants et
l'arrière-petite-fille

Ève Christian

« Dans ma famille, chacun a ses forces et ses faiblesses que nous tentons de gérer, pour le bien-être de tous. Avec le train de vie que nous menons, les moments de rencontre doivent être planifiés et sont d'autant plus appréciés.

Dans ma famille, on rit beaucoup, mais on pleure aussi parfois… on joue, on chante et on danse, mais parfois, on grince aussi des dents.

Dans ma famille, nous nous aimons tous très fort, et ce sera ainsi, quoi qu'il arrive.

C'est le secret pour passer à travers les épreuves que nous apporte la vie. »

Jade, Raphaël et Ève

« La famille est la chose la plus précieuse que quelqu'un peut posséder!...
Mais elle reste la seule chose que l'on ne peut acheter! »

Jade, 16 ans

Normand
D'Amour

« Ma famille est très grande. Elle l'a toujours été. Quand j'étais petit, la porte était toujours ouverte chez nous. Un jour, j'ai demandé à ma mère pourquoi la maison était toujours pleine de monde et elle m'a dit : « Il faut savoir donner dans la vie, c'est la meilleure façon de recevoir ». Merci m'man. J'ai des frères et des sœurs, de sang, de cœur et d'esprit. Mes enfants sont mes miroirs favoris. Ma blonde, c'est ma femme. Ma famille, c'est ma vie. Merci Lancelot mon grand. Merci Marguerite ma petite. Merci Pascale mon cœur. Merci à tous les autres qui font que je suis toujours… jamais seul. »

Normand, Lancelot, Marguerite et Pascale

Ces enfants que nous aimons tant

Marie-Thérèse Fortin

« La famille c'est…

Se lever un matin et entendre autre chose que son seul souffle, être ce corps contre lequel quelqu'un viendra désormais se blottir.

Être des bras qui portent, enlacent et protègent.

Être les oreilles et les yeux pour qui ne voit pas encore que le monde est parfois brutal.

Être une tête qui bouillonne : « ne pas oublier le jus d'orange et les lacets, le café, le savon à la lavande et le basson chez le docteur de basson… »

Être cette voix qui dit non contre vents et marées et qui supporte les cris et les portes claquées.

Être ces yeux qui disent oui
et voient fondre les résistances,
les doutes, la crainte et la peur de l'absence.

Être un père qui, un jour, ne sera plus un héros.
Être une mère qui en aura fait trop peu…
ou bien trop…
C'est mettre l'épaule à la roue
dans les chemins de traverse
Mais être là toujours…

Une famille, c'est l'assurance
de quelqu'un qui attend, qui est là et qui veille… »

Marie-Thérèse, Emma, Michel et Samuel

Ces enfants que nous aimons tant

Leonardo
Fuica

« Pour moi, ma fille c'est l'avenir, l'espoir de s'améliorer. Le fruit d'une génération que nous transmettons de famille en famille. Pour ce qui est de la relation père-fille, je me considère comme le meilleur ami de ma fille, quelqu'un en qui elle peut avoir confiance et sur qui elle pourra toujours compter quand elle aura peur ou qu'elle voudra parler de ses joies et de ses peines, ou même juste pour l'écouter. Aujourd'hui, les enfants évoluent très vite, c'est la technologie qui règne et qui les pousse à se développer plus vite. Ce siècle est un siècle de morale, de jugement, de tolérance et d'intelligence. Mon but à moi est de pouvoir bien préparer ma fille à cette jungle qui se développe continuellement, et de la prévenir du mal et du bien. Je me souhaite d'être dans le bon chemin. »

Leonardo et Elia

Maxim Gaudette

« Je savais que j'aimerais mes enfants, mais je ne pouvais pas m'imaginer jusqu'à quel point. Ils me font voir la vie de manière positive. Ils alimentent en moi une force créatrice et constructive. Ils m'inspirent par leur capacité à s'émerveiller devant des choses simples et vraies. Ils me font rire et sourire par leurs réactions imprévisibles et leur folie d'enfant.

Oui... j'ai des moments de fatigue, mais qui sont vite emportés par des élans de bonheur inouï, qui me font prendre conscience de la chance que nous avons, Violaine et moi, de les avoir en santé. »

Romain, Maxim, Violaine et Samuelle

Louise Harel

« Il faut sans doute faire partie de la confrérie des grands-parents pour être en mesure de partager la plénitude qui nous gagne à l'arrivée d'un petit-enfant.

L'arrivée d'une troisième génération dessine les contours d'un avenir prévisible et nous y projette par procuration.

À tous égards, cela nous impose d'aménager le présent pour leur préparer un meilleur avenir dans tous les domaines, y compris l'environnement.

C'est le plus beau cadeau que ma fille adorée, unique et préférée et son conjoint Matthieu m'ont fait. Je leur en suis extrêmement reconnaissante bien que cela ait bouleversé mes priorités, mes loisirs, mes voyages et mes projets de vie.

Le bonheur de recevoir des baisers mouillés est indicible. La joie de se retrouver en tête-à-tête avec l'un ou l'autre de ses petits-enfants pour échanger sur la fée des dents ou sur les aventures d'Amos d'Aragon, la joie de visionner le film Kirikou la sorcière ou Harry Potter est inexprimable.

Je vous le souhaite. »

Éloïse, Louise et Julien

Ces enfants que nous aimons tant

Patrice L'Écuyer

« La famille, c'est ce qui me permet non seulement de ne pas passer à côté de ma vie, mais de goûter le moment présent!

Tout ce qui m'arrive prend une autre dimension, le chant d'un oiseau, la couleur du ciel, les feuilles qui se colorent à l'automne, toutes ces choses qu'on doit expliquer aux enfants sans avoir toujours la réponse et à côté desquelles je passais sans m'arrêter pour les apprécier avant d'avoir des enfants. Grâce à eux, je vois ma vie passer et j'ai l'impression d'être utile à quelqu'un.

Les enfants sont aussi une bonne façon de renouer avec nos parents : les premiers mois sans dormir, les coliques, les otites, les maux de dents, les inquiétudes disproportionnées nous font revivre de grands bouts oubliés de notre enfance. Nos parents sont passés par là et personne n'en est mort quoi qu'on puisse en penser quand on est plongés en plein dedans. On découvre que le bonheur, c'est pas mal ça : avoir quelqu'un près de soi quand ça va bien comme quand ça va mal. La famille, c'est rentrer chez vous et trouver que ça sent donc bon.

On dit que les enfants font vieillir; moi, ils me font sentir plus jeune. J'espère seulement être un bon père pour pouvoir leur rendre un peu de cette jeunesse qu'ils m'ont redonnée. »

Judith, Morgane, Sydney et Patrice

Claude
Despins

Fanny
Mallette

« 6 h 30.

Des petits pas dans la salle à manger.
Dans l'obscurité, une silhouette toute
bouclée se dessine dans l'embrasure de
la porte. Gaspard vient se blottir entre
nous deux, dans le lit. C'est tout petit et
tout chaud. Dix minutes de pur bonheur. Puis... des pas plus rapides.

Joseph arrive et vient remplir le tout
petit espace qui restait. Le bonheur est
complet, le lit déborde... et la chicane
poigne! Une autre journée commence... »

Joseph, Fanny, Gaspard et Claude

Ces enfants que nous aimons tant

Ces enfants que nous aimons tant

André Melançon

« Il y a quelque chose chez les enfants qui m'a toujours à la fois fasciné et rassuré : ils naissent eux-mêmes.

C'est-à-dire avec leurs propres outils qu'ils utiliseront pour construire leur propre autonomie.

Ils sont eux-mêmes. Dès leurs premiers gestes, leurs premiers mots, leurs premiers pas, leurs premières émotions.

Arthur, 7 ans, et Alice, 5 ans, sont les enfants de ma fille Andréane et de Xavier, son homme. Même maman, même papa. Même environnement, même éducation. Et pourtant, ils se révèlent deux univers totalement singuliers, totalement distincts.

C'est merveilleusement fascinant et, en cette période de clonage, c'est éminemment rassurant! »

André, Alice et Arthur

Geneviève
Néron

« La famille pour moi... ?
Ma famille... c'est ma meute...
c'est les bras qui me bercent
et me protègent.
C'est fragile et très fort à la fois.
La famille... c'est mes racines,
c'est le port, l'amarre et la bouée,
c'est la voix qui me confronte.
C'est l'enfance, les souvenirs,
le temps qui passe.
C'est pépère qui chante,
c'est une « game » de cartes,
c'est mon père et ses histoires,
la douceur dans les yeux de ma mère.
C'est la main de ma petite Bibi
dans la mienne.
C'est ma certitude au bout de
tous mes chemins. »

Marianne et Geneviève

Isabel Richer

NUIT ROMANTIQUE

« Je n'ai pas fermé l'œil. Nuit mouvementée, intense. À côté de moi, un corps brûlant. Chaque fois que l'épuisement me gagne, une voix insistante me sort de mon sommeil...
— Maman, j'ai vomi.

Changement de draps, débarbouillette froide, câlins... dodo. Puis, encore et encore jusqu'à l'aube. Aujourd'hui, pas d'école. Après deux rôties au miel et un grand verre de jus, il me dit :
— C'est la plus belle journée de ma vie, mais c'est un peu plate!
— Un peu plate?
— Je suis malade.
— La plus belle journée de ta vie?
— Oui, parce que tu me soignes.

Oui, c'était une vraie nuit d'amour. »

Isabel et Henri

Michel Rivard

« Ça se passe en dehors

Ça se passe en dedans

Ça passe au travers du temps

Ça rit et ça pleure

Des fois ça fait peur

Mais toujours la p'tite flamme qui brille

Ça reste dans la famille... »

Extrait de « Ça reste dans la famille ».

Adèle,
Marie-Christine,
Joséphine,
Michel
et Antonin
(absent sur cette photo)

Ces enfants que nous aimons tant

Marie Turgeon

« Ma fille… Béatrice la réglisse (c'est elle qui le dit!)

Tu as poussé en moi telle une fleur, tu te déploies maintenant comme un arbre bien enraciné, tu grandis, tu apprends de ceux et de celles que tu côtoies, tu jouis de la vie avec tout ce qu'elle a de beau et d'épreuves à offrir.

Dans la vie, on ne sait jamais ce qui nous pend au bout du nez. Il y a des plans qui se réalisent, d'autres qui tombent à l'eau, des aspirations d'hier qui n'en sont plus et des rêves qui s'évanouissent et qui nous font comprendre que ce n'était pas le bon rendez-vous.

Ce qui compte, c'est de choisir la vie, la beauté. Et la vie, elle nous ramène toujours à l'essentiel : l'importance d'aimer et d'être aimé.

Béatrice, ma complice, me fait réaliser, entre autres, que peu importe la forme que prend la famille, cette dernière sera toujours son point d'ancrage, l'endroit où elle sera assez en confiance pour vérifier des choses, le terreau fertile qui pourra nourrir sa réflexion en cas de doute. Je me vois comme un passeur, un guide et aussi la jardinière qui a semé le plus beau des cadeaux de ma vie… ma fille! »

Béatrice et Marie

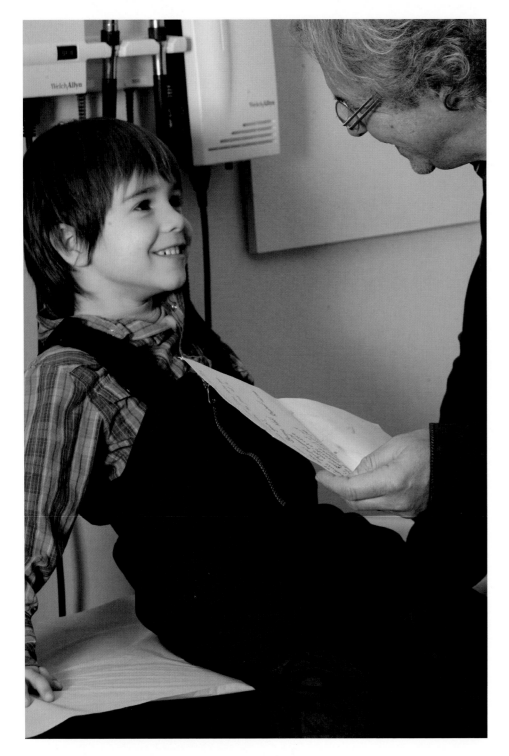

Doc Julien
Son œuvre et ses familles

« Je m'en vais à la maison du Dr Julien »
nous dit un enfant.

« Il est chez le Dr Julien »
dira un parent.

La Maison du docteur Julien est passée dans l'imaginaire des enfants et des familles du quartier, comme référence d'un accueil incontournable et sécuritaire, comme référence immédiate pour un problème touchant les enfants ou comme un lieu de services « tout inclus » auprès d'enfants en difficulté.

Dans la croyance populaire, les centres de pédiatrie sociale du docteur Julien existent pour prévenir, dépanner, orienter ou servir la cause des enfants sans condition et avec respect. Pour des parents, « c'est un lieu où l'on repart toujours en paix ». Pour un autre, « c'est comme se retrouver en famille pour faire mieux avec notre enfant ». Pour les enfants, c'est un autre chez soi, « c'est comme ma maison », « on se sent en sécurité », « c'est un lieu où on nous aime ».

Les maisons se sont bâties petit à petit avec un constat évident de grandes disparités envers les enfants de milieux différents et plus vulnérables. Les effets de la pauvreté font énormément de dégâts sur la santé et le développement des enfants et sur la cohésion des familles mais surtout, ils leur enlèvent leurs espoirs et leurs rêves. Une telle situation est totalement inacceptable dans une société de justice et de droits mais encore, elle ne fait aucun sens au strict plan des valeurs humaines. Il fallait faire quelque chose et cette chose, dans notre cas, ce sont les maisons du Dr Julien dans le cadre de la pédiatrie sociale.

AED, pour Assistance d'enfants en difficulté, fut la première maison dans le quartier Hochelaga-Maisonneuve à Montréal. On commença par y accueillir des enfants de 0 à 12 ans vivant des situations difficiles pour leur offrir un petit répit ou une oasis de paix. On voulait tout faire mais c'était une tâche impossible. On créa donc un réseau de personnes disponibles, des professionnels et des bénévoles, qui pouvaient se relayer auprès des enfants en lien avec leurs familles et leurs milieux. Puis, on se donna des moyens nombreux pour comprendre leurs difficultés et pour agir sur leurs différents besoins. AED est devenu un lieu de services intégrés où chaque enfant reçoit d'emblée une attention particulière et où chaque famille peut trouver une réponse à ses besoins ou un accompagnement dans la tâche de soutenir les enfants. Cela se fait simplement, dans le milieu, sans jugement inutile et dans un mode de totale collaboration. Chaque enfant est accueilli avec les plus grands égards, écouté avec le plus grand respect, soutenu avec de nombreux outils et surtout chacun est aimé sans condition.

Le CSPE, pour Centre de Services préventifs à l'enfance, de Côte-des-Neiges à Montréal, fut la deuxième maison. On visait à reproduire le modèle de services de AED mais en respectant le contexte multiculturel propre au quartier et les valeurs de la communauté en axant l'intervention sur un mode plus préventif, particulièrement pour les enfants de 0 à 5 ans. On pouvait se servir de l'expertise gagnante développée dans Hochelaga en conservant la même approche et les mêmes valeurs mais on souhaitait adapter le contenu aux besoins propres à ce milieu. CSPE aujourd'hui, après cinq années de fonctionnement, est devenu une maison qui sert de référence et de catalyseur pour le développement de services adaptés aux enfants du quartier sur un mode préventif avec une capacité d'accueil incomparable en terme de respect et de compétence pour répondre aux besoins des enfants.

L'entreprise de Pédiatrie sociale est née de cette double expertise. Elle se concrétise avec la Fondation pour la promotion de la pédiatrie sociale créée en 2006 pour soutenir les deux maisons, pour développer un réseau de formation interdisciplinaire en pédiatrie sociale et surtout pour assurer la défense des Droits des enfants à l'échelle locale et globale. L'objectif est maintenant de s'assurer que tous les enfants du Québec puissent avoir accès à des services garantissant le respect intégral de leurs besoins et de leurs

Droits en tout lieu et en toute circonstance, quel que soit leur statut, leur race ou leur capacité, en liaison directe avec la Convention internationale des droits de l'enfant des Nations Unies entérinée par le Canada.

L'action locale auprès des enfants vulnérables est une fonction essentielle de l'approche de pédiatrie sociale parce qu'elle implique la famille et la communauté comme premier responsable du bien-être des enfants. Cette mobilisation est la meilleure façon d'assurer le respect intégral des Droits des enfants dans leur vie de tous les jours. L'action globale auprès des institutions publiques et des instances politiques est également une fonction fondamentale de la pédiatrie sociale puisqu'elle permet d'interpeller la société tout entière pour la cause des enfants. Les deux fonctions sont complémentaires et constituent la base de l'approche de la pédiatrie sociale que nous mettons de l'avant pour les enfants du Québec et du monde tout entier.

« Bonjour Docteur Julien… Merci pour le temps que tu prends pour moi, tu es très important dans ma vie. Lorsque tu es présent, la vie est plus facile. Toi et Julie, vous êtes en train de me montrer qu'à chaque problème, il y a une solution. C'est pour toutes ces raisons et bien d'autres que je vous aime. Merci. »

Être avec eux
dans les meilleurs...

comme
dans les
pires moments

Caroline,
Maggie et
Angélique

Céline,

Noémy, Guy,
Jonathan, Gérémy,
Maxime et
Steven (absent sur la photo)

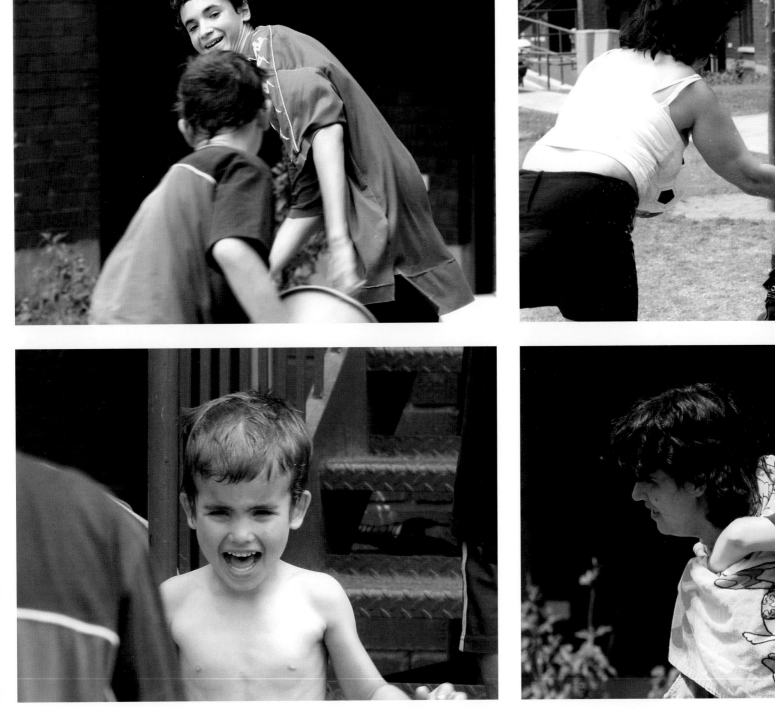

Sophie,

Éric, Benoît, Nicolas, Chloé et Nancy

Nathalie,

Éric, Jade, Fanny et Naomie

Penser famille

Yves Lévesque, maire de Trois-Rivières

« Un homme public doit toujours « penser famille ». Personnellement, c'est ce que je m'efforce de faire depuis mon entrée en politique, au milieu des années 1990. « Penser famille », ça veut dire poser des gestes comme l'adoption d'une politique municipale de la famille, la création de parcs et d'aires de jeux, la collaboration avec le milieu scolaire, l'accès gratuit aux bibliothèques et autres services culturels et sportifs, le soutien municipal à des organismes comme la Maison Coup de pouce…

« Penser famille », pour un homme public, c'est savoir bien gérer son temps, malgré un agenda fort rempli, afin de conserver une véritable vie familiale… C'est savoir garder précieusement du temps pour sa compagne et ses enfants. Le travail n'est pas tout : il y a aussi et surtout la vie privée avec les gens qu'on aime.

Dans cet esprit, je suis heureux de collaborer avec la Fondation du Docteur Gilles Julien. Je sais que j'encourage une bonne cause, celle de la Maison Coup de pouce, qui prend soin des enfants et des familles du secteur Adélard-Dugré.

Je vous invite donc à toujours « Penser famille »! »

Maison Coup de pouce

La Fondation pour la promotion de la pédiatrie sociale fait son premier petit à Trois-Rivières

La Maison Coup de pouce est un milieu de vie pour les enfants du quartier.
Elle est « leur maison » comme ils aiment l'appeler. On y fait plus que de l'aide aux devoirs;
on y est accueilli, on y a une place.

Par les différents ateliers, on y découvre de nouveaux horizons, on part à la conquête
de sa juste valeur et on y enrichit ses possibilités.

On s'y amuse, on s'y rencontre. On y apprend à être... tout simplement.

Merci aux compagnons de cette merveilleuse aventure!

Un tel rêve ne se réalise pas tout seul. Il nécessite l'apport important et essentiel d'un grand nombre de participants.

Il a fallu dès le début que quelqu'un y croit. Si mon homme ne l'avait pas fait, rien de tout cela ne serait arrivé! J'ai la chance d'avoir un homme qui m'aime vraiment, qui croit en moi et en mes capacités, qui m'encourage et qui me pousse à me dépasser constamment. Il a pris ce rêve que j'avais très à cœur, il a mis beaucoup de son temps, de son énergie et de ses grandes forces pour en faire un projet réalisable : le livre que nous avons aujourd'hui. Je lui dois beaucoup dans cette aventure. Merci Guy d'être là pour moi et pour nos enfants.

Merci au Dr Gilles Julien, pour avoir pris de son temps pour écouter des gens comme nous, pleins de bonne volonté qui veulent juste aider! Qui a cru lui aussi au projet et qui a accepté de travailler avec nous.

Merci à tous ceux qui se sont impliqués de près ou de loin. Des gens comme Christian Bégin et André Melançon qui ont fait le pont entre les personnalités et moi. Mme Shirlane Day et toute l'équipe de la Fondation qui ont travaillé fort et qui ont été une pièce maîtresse dans l'aventure. Aux participants, artistes, personnalités publiques et familles d'Hochelaga qui ont accepté, avec tant de générosité, d'appuyer la cause du Dr Julien en se laissant photographier dans leur intimité.

Merci aux fournisseurs (imprimerie et graphisme), qui ont accepté de réduire une partie de leurs honoraires pour le bien du projet.

Merci à mes amours, mes quatres enfants, merveilleux, source inépuisable d'inspiration, de motivation, de bonheur, de fierté, de joie, qui m'apportent tant d'amour et qui me rappellent tous les jours pourquoi je vis! Enfin, merci à mes parents; oui, ils ont joué un rôle important dans ma vie, de par ce qu'ils m'ont donné. Ils sont des parents aimants, qui nous ont offert à ma sœur, mes frères et moi la chance de grandir dans un milieu familial stable, équilibré, modeste et heureux, avec de belles valeurs, beaucoup de passion, le goût pour tout ce qui est beau, la capacité de rester émerveillé devant toutes les splendeurs de la vie, si petites soient-elles. C'est ce que j'essaie à mon tour de laisser en héritage à mes enfants.

À vous tous. Mille fois MERCI!

Pasquale Charland
Photographe

Dans tous les grands projets à caractère humain, l'on retrouve des partenaires financiers au grand cœur. Sans leur support essentiel, il aurait été difficile, voire même impossible, de mener à terme cette grande aventure.

Au nom des enfants, nous leur disons MERCI!

Dessau inc.

Alcoa inc.

BPR inc.

Ville de Trois-Rivières

OZ3 inc.

Imago Communication

Solisco Imprimeurs

Photographies
Pasquale Charland
© Pasquale Charland tous droits réservés 2008

Recherche et développement
Pasquale Charland
Guy Doucet
Christian Bégin
André Melançon

Conception et mise en page
Imago Communication

Édition
OZ3 inc.

Dépôt Légal - Bibliothèque et Archives nationales du Québec, 2008
Dépôt Légal - Bibliothèque et Archives Canada, 2008

Imprimé au Canada
ISBN 978-2-9810441-0-5

La Vie... la vie photo
www.lavielaviephoto.com

OZ3 INC.
www.oz3.ca

Imago communication
www.imagocom.com

SOLISCO imprimeurs
www.solisco.com